영랑생가 내 눈결에 쏘인 것들은

2021

영랑생가 내 눈결에 쏘인 것들은

김재석 시집

사의재

시인의 말

가을 영랑생가에 들렀다가
은행알을 줍듯
시를 열한 편 주웠다
근래 써 놓은
달빛한옥마을 관련 시와 함께
『영랑생가 은행나무에 대한 몽상』이란
제목으로 세상에 내던질 준비를
다 끝내고 나니
겨울 영랑생가가 떠올랐다
마침 영랑생가 은행나무가 나목이 된 모습을
국어교사로 정년 퇴직한
절친 승식이가 보내왔다
겨울 영랑생가를 머릿속에 그리며
23편의 시를 순산하였다
미발표 시집 폴더에 잠자고 있던
작품들 일부와 함께
『영랑생가 내 눈결에 쏘인 것들은』이란
제목으로
세상에 내던진다

2021년 겨울
일속산방一粟山房에서
작시치作詩痴 김재석

차례

영랑생가 내 눈결에 쏘인 것들은

시인의 말

1부

시론 13
봄눈 15
눈 내리는 영랑생가 16
영랑생가에 내리는 눈 18
겨울 영랑생가에서 20
영랑생가 대숲 차나무가 상처받을까 무섭다 22
영랑생가가 금목서, 은목서 그리고 산다화를 입양하면
　좋겠다 24
마당 앞 샘은 별들을 마중하고 배웅한 지 오래됐다 26
마당 앞 샘에 빗장이 걸린 이유는 28
마당 앞 샘이 스스로 빗장을 걸었을 리가 없다 30
영랑생가 내 눈결에 쏘인 것들은 32
영랑생가 샘과 장광이 동병상련이다 34
영랑생가 샘은 스스로 빗장을 풀지 못한다 36
겨울 은행나무 38
나목 1 40
나목 2 42

영랑생가가 인심이 박하다는 말을 들을까 무섭다 44
영랑생가 샘과 눈빛이 마주치다 46
영랑생가 샘의 몸통에 기생한 까마중이 꽃을 피우다 48
장광의 절구통은 절구가 그립다 50
안부 51
시문학파기념관 입간판 옆 벤치에서 영랑과 용아 그리고
  지용이 한담을 나누다 52
내가 영랑생가에 가는 이유는 54
애꾸눈 샘이 안대를 한 지 오래됐다 56

2부

봄눈 59
산타클로스 60
마스크 62
마스크맨 64
코로나19는 불인不仁이다 66
꽃나무들은 사회적 거리두기를 하지 못한다 68
코로나19 치하에서는 70
위드 코로나 72
코로나19에 잘못 걸리면 죽는 수가 있다 74

3부

나는 만나고 싶다 77

시집 읽는 밤 78

자화상 80

슬픔이 나를 잘 따르다 82

슬픔과 내가 죽이 맞다 84

슬픔이 나를 애지중지하다 86

나는 죽음을 앞두고 있다 88

나는 눈먼 돈이다 90

나는 루저다 92

주제 파악을 하다 94

고구마를 먹으며 96

굿모닝 98

내가 나에게 혀를 차다 100

나를 엿 먹이다 102

영어실력기초 104

선물 106

4부

제야 109

일출 110

시작이 쉽다면 111

세 권의 시집 112

돗자리 114

요절문인 116

영특한과 간특한은 성씨가 같다 119

산과 바다 그리고 나 120

폭설 122

윤슬 123

손잡이가 있는 컵 124

스테이플러 125

도끼자루 126

1부

시론
  - 시는 결코 완성되는 법이 없고 다만 던져버릴 뿐이다
                    (폴 발레리)

두 집 내고 살려고 바둥거리는
나는
내가 직관으로 낳은 시들을
퇴고할 시간이 없다

이치에 맞는가,
이치에 맞지 않는가를
따져볼 뿐

감각의 전이가
제대로 됐나
제대로 되지 않았나
살펴볼 뿐

내가
직관으로 낳은 시들을
퇴고할 시간이 없기에
퇴고를 안 하는 거지
완벽해서가 아니다

퇴고도 하지 않은

어디에 내놓기 부끄러운
시들을
시집으로 묶어
세상에 내던지다니

나는
내가 직관으로 낳은 시들을
퇴고할 시간이 없다,
두 집 내고 살려고 바동거리느라

봄눈
  - 영랑생가에서

햇빛 속에 눈발이
눈발 속에 햇빛이

서로 어쩔 줄 모른다

뭐가
저리 좋은지

앞뒤 안 가리고
남방의 하늘 아래
영랑생가까지
먼 길을 달려오다니

눈 내리는 영랑생가

작시치인
내가 올 때를 기다려
눈이 오시나

마지못해가 아니라
기꺼이
팔을 벌리고
나와 눈을 함께 맞이하는
영랑생가

먼 걸음을 한 길들을 마중하고 배웅하느라
삼동에도
문 열어놓은
안방

시심을 곤두세우는
영정 속
영랑

우두커니 서서
눈을 맞이할 리 없는

은행나무,
동백나무,
모란,
감나무,
살구나무

눈의 화음에 가슴이 벅찬,
내가 무지하여
이름을
다 호명하지 못한 것들

마음보다 몸이 앞서는
대숲만
어쩔 줄 모르는 게 아니라
다들 마음은
어쩔 줄 모르지만
몸이 따라주지 않을 뿐

눈 올 때를 기다려
작시치인
내가 찾아왔나

영랑생가에 내리는 눈

저명인사인
영랑생가가 맞이하는 눈들은
이곳이
영랑생가인 줄 알고 찾아왔나

멀리서도 반반해 보여
눈들이 달려와 보니
운 좋게도
저명인사인 영랑생가였나

하늘에
이정표가 있어
이정표가 가리키는 대로
찾아왔을 수도 있다

이정표에도 불구하고
몸이 따라주지 않아
영랑생가에 이르지 못한
눈들이 더 많다

세상을 굽어보는

은행나무 우듬지에 내리느냐
제 역할을 하지 못하는
연출인 장광에 내리느냐
진득하지 못한 대숲에 내리느냐
머지않아 숯불 같은 꽃을 피울
동백나무에 내리느냐에 따라
눈들의 운명이 달라진다

반반한
영랑생가도
영랑생가 나름이다

저명인사인
영랑생가가 맞이하는 눈들은
이곳이
영랑생가인 줄 알고 찾아왔나,
그냥 와 보니 영랑생가였나

겨울 영랑생가에서

경향각지 길들의 발길이 끊기지 않는
영랑생가
사랑채 앞 배롱나무의 바통을 누가 받나

대숲과 동거 중인
키 작은 차나무가
사랑채 앞 배롱나무의 바통을 받나

금목서,
은목서가
차나무에 앞서
배롱나무에게 바통을 받으면
이보다 좋을 수가 없는데

금목서,
은목서의 바통을
산다화가 받으면
이보다 좋을 수가 없는데

동백꽃이
얼굴 내밀 때까지 기다리려면

당당 멀었는데

경향각지 길들의 발길이 끊기지 않는
영랑생가
사랑채 앞 배롱나무의 바통을
대숲과 동거 중인 차나무가 받나

영랑생가 대숲 차나무가 상처받을까 무섭다

영랑생가 대숲
동백나무에 치여
두각을 나타내지 못하는
차나무가 상처받을까 무섭다

사랑채 앞 배롱나무의 바통을
대숲 차나무가 받았는데도
동백나무가 받을 거로 생각하는
먼 걸음을 한 길인 나부터
차나무에게 상처를 주게 생겼다

차나무 앞에서
먼 걸음을 한 길인 나의
속마음을 드러내 보이지 않아야 한다

차나무가
배롱나무에게 바통을 받기 전에
금목서, 은목서가 받고
금목서, 은목서의 바통을
산다화가 받고
산다화의 바통을 차나무가 받았으면 하는 게

나의 마음인데
그걸 내색했다간
대숲 차나무가 인상을 구길 것이다

대숲 차나무의 비통을
동백나무가 받는다는 걸 아는
먼 걸음을 한 길들이
몇이나 될까

대숲
동백나무에 치여
두각을 나타내지 못하는
차나무가 이미 상처받았다

영랑생가가 금목서, 은목서 그리고 산다화를 입양하면 좋겠다

영랑생가가
금목서, 은목서 그리고 산다화를
입양하면 좋겠다

차나무가
배롱나무의 바통을 받았어도
별로 눈에 띄지 않기에
속이 상한다

차나무가
자존심이 상하겠지만
금목서, 은목서 그리고 산다화가
영랑생가와 함께하면
이보다 좋을 수가 없다

징검다리로 말하면
배롱나무와 차나무는
거리가 먼 징검다리여
건너려면
먼 걸음을 한 길들의 마음의 가랑이가
찢어질 것이다

영랑생가가
금목서, 은목서 그리고 산다화를
입양하면 좋겠다

마당 앞 샘은 별들을 마중하고 배웅한 지 오래됐다

영랑생가 마당 앞 샘은
별들을
마중하고 배웅한 지 오래됐다

먼 걸음을 한 길들은
영랑의 영혼의 모습을 만나고자
영랑처럼
마당 앞 샘을 들여다보고 싶은데
빗장이 걸려 들여다볼 수 없다

영랑의
영혼의 모습을 보여주지 않기 위하여
샘이 빗장을 건 게 아니라
샘에 빗장이 걸려
평소 드나들던
별들이 드나들지 못하게 되었다

샘도
구름 꽃이 피었다 지는
하늘을 보지 못하여
답답할 것이다

영랑생가 마당 앞 샘은
별들을
마중하고 배웅한 지 오래됐다

영랑생가 마당 앞 샘에 빗장이 걸린 이유는

밤이면
별들이 마음대로 드나들던
마당 앞 샘에
빗장이 걸린 이유는 뭘까

샘이
스스로
빗장을 걸었을 리 만무한데

별들을
마중하고
배웅하다가
갑자기 욕심이 생겨
별들을 붙들기 위하여
빗장을 걸었을까

그렇다면,
그렇다면
지금 별들이
샘에 갇혀 있다는 말인데

별들을 붙들기 위하여
빗장을 걸면
샘 역시
바깥세상을 볼 수 없는데

밤이면
별들이 마음대로 드나들던
마당 앞 샘에
빗장이 걸린 이유는 뭘까,
도대체

마당 앞 샘이 스스로 빗장을 걸었을 리가 없다

마당 앞 샘이 스스로 빗장을 걸었을 리가 없다

마당 앞 샘이 스스로 빗장을 걸면
영랑생가는
인심이 박하다는 말을 들을 것이다

영랑생가가
인심이 박하다는 말을 들을 일을 할 정도로
마당 앞 샘은
생각이 짧지 않다

먼 걸음을 한 길들이
갈증을 해소하도록 뒷바라지해야 할
마당 앞 샘이 스스로 빗장을 걸겠는가

마당 앞 샘물의 물맛이 바로
영랑 시詩 맛이라는 걸 알고 있는
경향각지 먼 걸음을 한 길들은
샘물을 들이마시고 싶을 것이다

두레박의 도움을 받아

플라스틱 용기보다는
쪽박으로
샘물을 맛보고 싶을 것이다

붙들어 가둬 놓지 않아도
밤마다
별들이 찾아올 것이니
별들이 찾아오지 않을까
샘은 걱정할 필요가 하나 없다

마당 앞 샘이 스스로 빗장을 걸었을 리가 없다

영랑생가 내 눈결에 쏘인 것들은

영랑생가
내 눈결에 쏘이어
시로 태어난 것들이
나의 시집에 똬리를 틀었다

영랑생가와 동거 중인 것들이
내 눈결에 쏘이어
시로 태어난 게
시로 태어나지 않은 것보다
훨씬 많다

내 눈결에 쏘여
시로 태어나
나의 시집에 똬리를 튼 시들이
그걸 입증한다

영랑생가 시가 대세인
「강진시문학파기념관」,
「모란을 위하여」,
「당당한 영랑생가」,
「영랑생가 은행나무에 대한 몽상」

영랑생가 시로만 낳은
「동백꽃똥구멍쪽쪽빠는새」,
「영랑생가에게 면목없다」

영랑생가
내 눈결에 쏘이어
시로 태어난 것들이
나의 시집에 똬리를 틀었다

영랑생가 샘과 장광이 동병상련이다

영랑의 시에 출연한 적이 있는
영랑생가
샘과 장광이 동병상련이다

샘은
오랜 세월 빗장이 걸려 있다

누구도
영랑의 영혼의 얼굴을
만날 수 없다

두레박이
물의 잠을 깬 지 오래됐다

장광은 연출일 뿐
김칫독도
된장독도
장독도
좀도리도
이름값을 하지 못한다

장광은
골불은 감잎을 맞이하는 것만으로
제 역할을 다 하고 있다

영랑의 시에 출연한 적이 있는
영랑생가
샘과 장광이 동병상련이다

영랑생가 샘은 스스로 빗장을 풀지 못한다

곱게 늙은
영랑생가 샘은 스스로 빗장을 풀지 못한다

영랑생가 샘의 물을 두레박으로 길러다가
영혼의 갈증을 해소하고 싶은
먼 걸음을 한 길들이 많은데
마음뿐
누구도 실행을 한 적이 없다

먼 걸음을 한 길들에게
아쉬움만 남겨주는
샘은
마음이 편할 리가 없다

낮에는
구름꽃이 피었다 지고
밤에는
별이 총총히 뜨던
샘

누가

무슨 사연으로
샘의 빗장을 걸었을까

잠긴
영랑생가 샘의 빗장을
먼 걸음을 한 길들이 마음대로
풀게 되어 있지 않다

곱게 늙은
영랑생가 샘은 스스로 빗장을 풀지 못한다

겨울 은행나무
 - 영랑생가

영랑생가가
강진답사 일 번지인 것은
바로 저 은행나무 때문이다

언제 그랬냐는 듯이
해와 달, 별빛을 챙긴 잎을
한 잎도 붙들고 있지 않는 것을
봐라 봐

봄, 여름, 가을, 겨울
변신을 일삼아도
누가 변덕스럽단 말을
뱉은 적이 없고
뱉을 수도 없다

만물이 무상하다는 걸
깨우쳐 주기 위하여
은행나무는
저 자리에 서 있는지도 모른다

먼 걸음을 한 길들이

순례자인 것도
바로 저 은행나무 때문이다

나목 1
  – 영랑생가 은행나무

전쟁에 임했다가
돌아와
철모도
갑옷도 벗어버린 장수이다

처음
초록빛을 띤
철모와 갑옷이
황금빛으로 바뀐 것은
해와 달, 별빛이 간여한 것이다

초록빛이
황금빛이 되도록
전쟁에 임해
많이 지쳤을 것이다

번갈아
드나드는 까치는
누가 봐도
전령이다

상처가
눈에 띄지 않는 걸 보면
패장은 아니다

전쟁에 임했다가
돌아와
철모도
갑옷도 벗어버린 장수이다

나목 2

황포를 달고 항해하던 때가
좋았나,
지금이 더 좋나

돌아온 지
꽤 됐다

주야로
해와 달, 별빛이
바통을 주고받으며
드나든다

어디
수선할 데가 없나
확인하고 다닌다

햇빛이 찾아내지 못한 건
달빛과
별빛이 찾아낸다

별빛이 눈에 띄지 않는 건

달빛에 묻어서다

황포를 달고 항해하던 때가
좋았나,
지금이 더 좋나

영랑생가가 인심이 박하다는 말을 들을까 무섭다

영랑생가가 인심이 박하다는 말을 들을까 무섭다

영랑생가가
내게 시는
한 되 아닌
한 말 아닌
몇 섬을 안겨줬어도
물 한 모금 대접하지 않은 것을 두고 한 말이다

나에게 물 한 모금 대접하지 않아도
나에게 시를 몇 섬을 안겨줬기에
순례巡禮하듯
먼 걸음을 한 길들 중의 하나인 나는
언제나 영랑생가 편에 서지만
그렇지 않은
먼 걸음을 한 길들이
영랑생가를 입방아에 올릴 수 있다

빗장이 잠긴 저 샘이
빗장이 열려
먼 걸음을 한 길들의

갈증을 풀어주어야 한다

먼 걸음을 한 길들에게
시를 안겨주고
먼 걸음을 한 길들에게
영랑 시의 맛을 보여주는 것도 중요하지만
먼 걸음을 한 길들의
갈증을 풀어주는 게 먼저다

영랑생가가 인심이 박하다는 말을 들을까 무섭다

영랑생가 샘과 눈빛이 마주치다

빗장이 걸린
영랑생가 샘과
먼 걸음을 한 길들 중의 하나인
나의 눈빛이 마주쳤다

내 눈빛을 읽고서
시의 갈증 아닌
목의 갈증이 심하다는 걸
바로 눈치챈
영랑생가 샘의 표정이
겸연쩍다

내 목의
갈증을 해소해 주고 싶어도
갈증을 해소해 주지 못하는 이유가
자기 탓이 아니라며
영랑생가 샘이
빗장을 풀어달라고 하소연한다

연기는 천방지축이라
먼 걸음을 한 길들 중의 하나인

내가 샘의 빗장을 풀어주었다가
나중에 무슨 일이 일어나면
내가 책임을 져야 하기에
샘의 하소연을 들어줄 수가 없다

샘의 빗장을 풀어주고 싶은
먼 걸음을 한 길들이 한둘이 아니었겠지만
나처럼
샘의 빗장을 풀어주지 못한 것이다

빗장이 걸린
영랑생가 샘의
빗장을 풀어주지 못하고
돌아서는
나의 발길이 가벼울 리가 없다

영랑생가 샘의 몸통에 뿌리 내린 까마중이 꽃을 피우다

영랑생가
샘의 몸통에 뿌리 내린
까마중이
꽃을 피웠다

박토도 아닌
돌 사이
뿌리를 내린 까마중에게
무슨 말로
위로를 해야 하나

부잡하다는
위로의 말이 아니고
장하다는
위로의 말은 될 수 있으나
이 경우는 아닌 것 같다

머지않아
꽃 진 자리에
까만 열매가 맺어
이름값을 하게 될 것이다

영랑생가
샘의 몸통에 뿌리 내린
까마중이
꽃을 피웠다

장광의 절구통은 절구가 그립다

『오매 단풍 들것네』를 낳은
장광의
절구통은 절구가 그립다

절구통이
절구 맛을 본 지
이따만한 세월이 흘렀다

절구통이 갱년기에 이르렀다 할지라도
절구통은
절구가 그립다

절구통이
절구가 그립지
누가 그립겠는가

아무리
잘 빠진 누구도
못 난 절구보다 못하다

『오매 단풍 들것네』를 낳은
장광의
절구통은 절구가 그립다

안부
- 폭설

영랑생가
대숲에 신세 지고 있는
큰개불알풀, 코딱지나물, 냉이,
민들레의 안부가 궁금하다

폭설에 갇혀
숨도 제대로
못 쉬고 있을 것이다

큰개불알풀, 코딱지나물, 냉이,
까마중, 민들레도
나의 안부가 궁금할까

나는 일 없는데
큰개불알풀, 코딱지나물, 냉이,
민들레도 일 없으면 좋겠다

영랑생가
샘 몸통에 신세지고 있는
까마중의 안부도
돌담 밑
털머위의 안부도 궁금하다

시문학파기념관 입간판 옆 벤치에서 영랑과 용아 그리고 지용이 한담을 나누다

반반한
시문학파기념관 입간판 옆 벤치에서
영랑과 용아
그리고 지용이 눈빛으로 한담을 나누고 있다

《시문학지》 창간에 대하여 이야기를 나누는지
이미 창간한
《시문학지》의 진로에 대하여 이야기를 나누는지
알 수가 없다

반반한
시문학파기념관 입간판은
영랑과 용아
그리고 지용이 눈빛으로 나누는 이야기를
다 알아먹을 것이다

떠나가는 배,
용아는 지병으로 요절하고
모란이 피기까지는,
영랑은 서울 수복 중에
파편에 맞아

그곳이 차마 꿈엔들 잊힐 리야,
지용은 6·25전쟁 중 종군기자로 활약하다가
동두천 소요산에서 포격을 맞아
유명을 달리하였다

이때가 좋았는데,
이때가 좋았는데라는 말이
먼 걸음을 한 길들 중의 하나인
내 입에서 저절로 나온다

반반한
시문학파기념관 입간판 옆 벤치에서
영랑과 용아
그리고 지용이 눈빛으로 한담을 나누고 있다

내가 영랑생가에 가는 이유는

내가 영랑생가에 가는 이유는
마음을 다잡기 위해서지만
내 눈결에 쏘여
시가 되지 않은 것들이 있나
알아보기 위해서 일 때도 있다

내 눈결에 쏘여
시가 되지 않은 것들이
없을 수 없기에
눈에 불을 켜고
영랑생가를 뒤지고 다니는데
시가 되지 않은 것들이 있다

내가 마음을 다잡는 데
일등공신이 영랑생가인데
그건 나의 비밀 중의 하나인데
이미 해묵어
비밀의 가치가 없기에
이제 털어 놓는다

나만큼

영랑생가의 신세를 진
오르페우스의 후예는
대한민국 어디에도 없으며
지구촌 어디에도 없다

심지어
영랑보다
영랑생가에게 더 신세진 이가
나다

내 눈결에 쏘여
시가 되지 않은 것을 찾아내기 위하여
은행나무가 황포를 내린
겨울 영랑생가를 뵈러 갈 것이다

내가 영랑생가에 가는 이유는
마음을 다잡기 위해서지만
내 눈결에 쏘여
시가 되지 않은 것들이 있나
알아보기 위해서 일 때가 많다

애꾸눈 샘이 안대를 한 지 오래됐다

영랑생가
애꾸눈 샘이
안대를 한 지 오래됐다

무슨 수술을 하였는지
모른다

녹내장일 수도
백내장일 수도 있으나
너무 오래 안대를 하고 있다

안대를
풀지 않는 건
아직 완쾌되지 않았다는 거다

세상 돌아가는 꼴이 보기 싫어
아예
눈을 감기로 마음먹었을 수도 있다

영랑생가
애꾸눈 샘이
언제 안대를 벗을지 궁금하다

2부

봄눈
- 2020

코로나19의 氣를 꺾으러 오시나

코로나19의 氣를 살려주러 오시나

꽃나무와
들꽃들에겐 백신인 게 분명한데
인간들에겐 무엇이나

*코로나19는 코로나일구로 읽어야 하고 COVID-19의 19는 나인틴으로 읽어야 한다.

산타클로스

해거리한 적 없는
산타클로스가 도착하면
예외 없이
2주 격리될 거라 한다

이미 와
격리되었을지도 모른다

우주인 같은
방역복을 입어
우리가 눈치채지 못했을 수도 있다

루돌프는
나중에 합류할 것이다

산타클로스는
에피메테우스의 후예일까,
프로메테우스의 후예일까

해거리한 적 없는
산타클로스가

백신을 가져올지도
백신을 가져왔을지도 모른다

마스크

십자가 위 피뢰침이 구세주이듯이
입술 위
마스크가 구세주다

마스크에 신세지지 않곤
가까운 걸음도
먼 걸음도
어떤 걸음도 할 수가 없다

한때
범죄자와 가까이 지낸
불원의 대명사이기도 한
마스크가
구세주가 될 줄이야

마스크의
마스크에 의한
마스크를 위한 세상이
영원하지 말았으면 좋겠다

코로나19가

코로나19가
마스크가 진가를 발휘하는 데
일등공신이다

십자가 위 피뢰침이 구세주이듯이
입술 위
마스크가 구세주다

마스크맨

마스크와 함께하지 않고는
외출도 할 수 없는 나는
마스크맨이다

마스크와
동고동락하고 있다고 해야 하나

마스크와
의기투합하고 있다고 해야 하나

마스크,
마스크 하면
음모와 가까이 지낸다는 생각이
떠오르는데

나만
마스크맨이 아니고
모두가 다 마스크맨이다

마스크가
나를 내쳐야 좋은 세상인데

어떡하냐

마스크,
마스크 치하에서
몇 년을 더 버티어야 하나

마스크와 함께하지 않고는
외출도 할 수 없는 나는
마스크맨이다

코로나19는 불인不仁이다

잘 보인다고 해서
봐주고
잘 보이지 않는다고 해서
봐주지 않는 게 아니다

때와 장소를 가리지 않는
코로나19가 제일 싫어하는 게
마스크와 백신이다

막 나가는
코로나19가
막 나가지 못하도록
마스크가
바리케이드 역할을 한다

재미를 단단히 보던
그러니까 잘나가는
코로나19의 발목을 잡은 이들이
화이자·바이오엔테크,
모더나, 아스트라 제네카,
노바백스, 스푸트니크V다

백신이
가뭄에 콩 나듯
본의 아니게 사고를 쳐
백신을 기피하는 이들도 있지만
구더기 무서워서
장 못 담그냐는 말처럼
모두 다 백신에 의지하는 바람에
코로나19도 주춤한다

백신에 의해
발목을 잡혔다 해서
완전히 사라질
코로나19가 아니다

백신에도 불구하고
불인의 코로나19가
위드 코로나로 공인을 받았다

공인을 받은
코로나19는 불인이다,
여전히

꽃나무들은 사회적 거리두기를 하지 못한다

꽃나무들은
사회적 거리두기를 하지 않는 게 아니라
사회적 거리두기를 하고 싶어도
할 수가 없다

마스크를 쓰고 싶어도
마스크를 살 돈이 없을 뿐만 아니라
잎잎마다
마스크를 다 쓸 수도 없다

꽃나무들은
사회적 거리두기를 하지 않아도
마스크 없이 지내도
어떤 제재도 받지 않는다

사회적 거리두기를 하지 않으면
마스크를 쓰지 않고 지내면
제재를 받는 사람들보다
꽃나무들이 더 행복한가

꽃나무들은

사회적 거리두기를 하지 않는 게 아니라
사회적 거리두기를 하고 싶어도
할 수가 없다

코로나19 치하에서는

코로나19 치하에서는
有朋自遠方來不亦樂乎도 고개를 들지 못한다

다들
코로나 끝나면 보자고 한다

한때 잘나가던
장례식장도
결혼식장도
음식점도
카페도
얼굴이 반쪽이 됐다

미술관도
문학관도
박물관도
겁에 질려
빗장을 걸었다

여행사는
항공사는

직격탄을 만나
넘어질 위기에 처했다

학교도
대면수업이
온라인수업에게
자리를 내주었다

코로나19 치하에서
고개를 들지 못하는 게
有朋自遠方來不亦樂乎만이 아니다

* 유붕자원방래 불역락호有朋自遠方來不亦樂乎: 벗이 멀리서 찾아오니 즐겁지 아니한가.

위드 코로나

코로나19는 소나기가 아니다,
잠시 피하면 되는

사십 일 낮과 밤을 내리는
장마도 아니다

언제나
우리 옆에서
기웃거리다가
우리가 방심하면
기회를 놓치지 않는
저 간특한 코로나19를
무엇에 비유해야 하나

절대로
사라질 놈이 아닌
코로나19는
무엇에 비유할 수 없는 놈이다

어쩔 수 없이
달래며

함께 공존해야 할 놈이다

공존하다가
코로나19의 아킬레스가
어디인지 알아내야 한다

위드 코로나
위드 코로나

코로나19가 경계를 풀도록
코로나19를 안심시켜야 한다

코로나19에게 잘못 걸리면 죽는 수가 있다

코로나19에게 잘못 걸리면 죽는 수가 있다

코로나19도
나에게 잘못 걸리면 죽는 수가 있다

누구든
누구에게 잘못 걸리면 죽는 수가 있다

잘 걸리면 살고
잘못 걸리면 죽는 게
도처에 은신하고 있다

코로나19,
코로나19

나는 은신하고 있지 않은데
코로나19는
어딘가에 은신하고 있다

비겁하게,
비겁하게

3부

나는 만나고 싶다

꽃밭에 물을 주는 조리 같은 인간을

불이 붙은 건물의 불을 끄는
소방 호스 같은 인간을

하루 일과를 마친 이들의
땀을 씻어 주는
샤워기 같은 인간을

나는
만나고 싶다

아무리 둘러봐도
그런 인간이 눈에 띄지 않는다

시집 읽는 밤

아무리 뒤져 봐도
나보다
시 못 쓰는 시인이 없다

퇴행이란 말이
나의 뇌리를 때린다

문학과
스토리텔링을 접목시키더라도
문학성을 잃어서는 안 된다

은유의 영역에서만 시인이라는
월러스 스티븐스의 말을 떠들고 다닌 내가
내 입으로 뱉은 말을
저버린 것이다

문학과
스토리텔링을 접목시킨다는 구실로
너무 오래 외도를 하였다

아무리 펼쳐 봐도

나보다
시 못 쓰는 시인이 없다

자화상

나는 언젠가부터 황금의 똥 주변을
기웃거리기도 하고
머뭇거리기도 하는 똥파리다

내가
이 시대의 기생충인 걸 깨달았을 때
그 충격이 심했는데
똥파리인 걸 깨달았을 때
그 충격이 어떠했겠는가

돌아보니
돌아보지 아니해도
나는 기생충이자 똥파리다

이따금
회충약을 가까이하고
파리채와 모기약을 가까이한
내가 기생충이고 똥파리라니

나는 황금의 똥 주변을
머뭇거리기도 하고

기웃거리기도 할 똥파리다,
앞으로도

슬픔이 나를 잘 따른다

슬픔이
나를 잘 따른다

슬픔이
나를 잘 따르는 것은
기분 좋은 일은 아니다

문제는
누구도 나를 따르지 않는데
슬픔이 나를 따른다는 것이다

슬픔마저
나를 따르지 않는다면
나는 절해고도絶海孤島에 있는 거나
다름없다

나는
내가 외롭지 않도록
나를 잘 따르는 슬픔을
가상히 여길 수밖에 없다

슬픔이
나에게 실망하지 않도록
대접해야 한다

슬픔과 내가 죽이 맞다

따르는 것이라곤
오직 슬픔뿐이어 내치지 못한
슬픔이
나와 죽이 맞을 줄이야

두 집 내고 살려고 바둥거리는
나를 뒤에서 팍팍 밀어주는
슬픔이
가상하다

나를 따르는
슬픔이
당당하고
낫낫하고
걸출하기를 바란다

나를 따르는
슬픔이
치졸하다거나
유치하단 말을
듣는다면

바로 내칠 것이다

따르는 것이라곤
오직 슬픔뿐이어 내치지 못한
슬픔이
나와 죽이 맞을 줄이야

슬픔이 나를 애지중지하다

따르는 것이라곤
오직 슬픔뿐이어 내치지 못한다는
거짓말이 아니다

슬픔이
나를 애지중지하는데
내가
어떻게 슬픔을 내칠 수 있겠는가

믿는 도끼에 발등 찍힌다는
나의 슬픔과는 무관하다

나를 따르는
나와 죽이 맞는
나를 애지중지하는 슬픔은
절대로
나에게 등을 돌리지 않을 것이다

나의 슬픔은
인의를 생각하지
이득을 생각하지 않는다

따르는 것이라곤
오직 슬픔뿐이어 내치지 못한다는
거짓말이 아니다,
절대로

나는 죽음을 앞두고 있다

나는 죽음을 앞두고 있다

나는 죽음을 앞두고 있다고
내가 선언하면
누군가가 나를 안쓰럽게 생각하니
나는 죽음을 앞두고 있다는
나 혼자 하는 소리다

나만 죽음을 앞둔 게 아니고
살아 숨쉬는 것들은
모두 다
죽음을 앞두고 있다

죽음을 앞둔 것은
불행 중 다행이다

죽음을 앞뒀기에
대처가 가능하다

죽음을 뒤에 둬
뒤통수를 맞으면 끝장이다

죽음을 앞두고 있다,
언제나
누구나

나는 눈먼 돈이다

가능하면 외롭고 낮고 쓸쓸한 곳에
건수를 만들어라
바다 한가운데라도
달려가겠다

이 땅의 문文들 품위 유지를 위하여
인건비와 콩고물이 되고
소외된 자들을
무지의 늪에서 건져 내겠다

나는 눈먼 돈이다
나를 못 먹는 문文들은 병신이다
세월이 흐른 뒤에
그때 못 먹었다 후회할 것이다

몇 문文들만
나를 꿀꺽 삼키지 말고
모든 문文들이 함께 나눠 먹어라,
그렇지 않으면 배탈 난다

더욱 다른 예인들의 안방에

발 들이밀지 마라,
칼부림 날 것이다
책임 못 진다

나는 루저다

설 자리가 없어 행복하다는
나의 말에
내 안의 누군가가
직구를 날린다

- 그건
루저들이 하는 말이다

설 자리가 없어도
여생을
비굴하지 않는 생을
영위할 생각인 나보고
루저란다

그것도
내 안의 누군가가
나에게 뱉은 말이니
반론의 여지가 없다

설 자리가 없도록
나를 방치한

누군가의
책임도 막중한데
나에게 루저라니

설 자리가 없어 행복하다는
말을 했다가
내 안의 누군가에게
루저란 말을 들은 나는
고개를 들고 다닐 수가 없다

주제 파악을 하다

몽당연필인
내가
경로에 주제파악을 하게 되었다

경로 아닌
이순에라도
주제 파악을 하였더라면
나의 생이 달라졌을까

지명 이전에
불혹 이전에
주제 파악을 하였더라면
경로 이후에
두 집 내고 살려고 바둥거리지 않을 것이다

생애 내내
출세가도도 달리지 못하고
문명文名도 날리지 못한 건
내가
주제 파악을 못 해서다

몽당빗자루인

내가

경로에 주제파악을 하게 되었다

고구마를 먹으며

어진 내에서
교장으로 퇴임한 벗이
고구마를 보내왔다

문경 살아보기 이 년 만의
벗의 쾌거快擧인 고구마가
남쪽 끝 항구 목포에 둥지 튼
나와 인연이 닿은 것이다

문경의 해와 달, 별빛이
의기투합한 고구마를 맛보는데
새재가 바로 얼굴 내민다

조선과 희로애락을 함께한
새재, 새재가
나를 붙들고 놓아주지 않는다

새재, 새재를 빼놓고
인의예지신의 나라
조선을 생각할 수가 없다

문경의 해와 달, 별빛이
의기투합한 고구마를 먹으며
마음은 봇짐을 짊어지고
새재를 넘는다

굿 모닝

모닝,
덩치 자은
모닝이
당당하다

날마다
신선한 아침을
선물하는
모닝

모닝은
내게
그야말로
극진하다

애벌렛빛
의상을 한
모닝,
굿 모닝

나로 하여금

비상하는
꿈을 꾸게 하는
모닝

모닝,
덩치 작은
모닝이
늠름하다

내가 나에게 혀를 차다

우유부단한
나에게
내가 혀를 찬다

시가 희망이 보이지 않으면
고민하지 말고
바로 때려치워야 하거늘
때려치우지 못하는
나에게
내가 혀를 찬다

당당하되 거만하지 말고
겸손하되 비굴하지 말자는
다짐은 어디로 가고
구차하게 살고 있는
나에게
내가 혀를 찬다

옹색한
인색한
나에게

내가 혀를 차며
등을 돌린다

나를 엿 먹이다

설 자리가 없어
행복한 나를
엿 먹이는 놈이 있다

나를
○○도서관 상주작가의
시창작강의실에 등록시키다니

나를 우세시키고
○○도서관 상주작가와
나 사이를 갈라놓는
이중효과를 노린 놈은
누구일까

나의 손전화 번호를 아는
나와 같은 깃털을 가진
언어의 조직폭력배인 건
확실하다

○○도서관
상주작가 경쟁에서 밀린

언어의 조직폭력배일 가능성이 크다

나를 가지고
몸살을 하는
누군가의 영혼이 한심하다

왜 하필 나인가,
왜 하필 나인 게
영광인가
치욕인가

설 자리가 없어
행복한 나를
엿 먹이는 놈이 있다

영어실력기초

중학교 2학년 때 만난
영어실력기초가
굴욕을 당하느니 차라리 죽는 게 낫다고
나를 가르쳤다

영어실력기초가 한 말을
내가 액면 그대로 받아들였다면
목숨이 열 개 아닌 백 개라도
부족했을 것이다

매번 굴욕을 당하고도
죽지 아니하고 살아남은 것은
영어실력기초가 내게 준 말을
액면 그대로 받아들이지 않았기 때문이다

영어실력기초가 내게 준
굴욕을 당하느니 차라리 죽는 게 낫다는
그런 정신으로 세상과 맞서라는 말이지
진짜로 죽으라는 말이 아니다

경로에 이른 나를 다시 만나면

영어실력기초는
내가 굴욕 한 번 당하지 않고
살아왔다고 생각하지 않을 것이다

세상이 낳은 말들은
에누리하여 받아들여야지
액면 그대로 받아들여서는 안 된다

중학교 2학년 때 만난
영어실력기초가
굴욕을 당하느니 차라리 죽는 게 낫다고
나를 가르쳤는데
내가 영어실력기초의 말기를 알아먹어
지금까지 살아남았다

선물

언어를 재단하는 능력을
언어를 조립하는 능력을
언어를 요리하는 능력을
언어를 조제하는 능력을 나에게 선물한
내가 고맙다

단기건망증,
결벽증,
조울증,
저장강박장애를 나에게 선물한
내가 역겹다

4부

제야

지구별과 동고동락한 내가
태양을 한 바퀴 돌았다,
무사히

이 밤에
책거리하듯 자축연을 벌인 뒤
마음도 다잡아야지

내년에
무슨 일을 하며
태양을 한 바퀴 돌까

지구별이
다른 별들의 부러움을 사도록
나부터 열심히 뛰어야겠다

일출
- 신축년

동고동락하는
지구별과 함께
저 태양을 다시 한 바퀴 돌 것이다

지난밤에
다잡은 마음이
일 년 내내 흐트러지지 않도록 해야지

지구별이
태양의 눈 밖에 나지 않도록
나부터 정신을 차려야겠다

시작이 쉽다면

귤 까먹는 것처럼
시작이 쉽다면

바나나 까먹는 것처럼
시작이 쉽다면

사과 베어 먹는 것처럼
시작이 쉽다면

시가 어디 가서
대접을 받겠는가

세 권의 시집

구운 지 얼마 되지 않은
시집을 세 권이나 샀다

한 권은 민족문학론을
한 권은 언어의 자율성을
한 권은 예술의 보편성을 표방하는
출판사가 낳은 시집들이다

한 권은
출판사가 표방하는 것과 거리가 가깝고
나머지 두 권은
출판사가 표방하는 것과 거리가 멀다

민족문학론도
언어의 자율성도
예술의 보편성도
이제 다 언어의 성찬일 뿐이다

문란하기 이를 데 없는
선정적인 언어들을 찾아내
장사를 하겠다는 데는

예외가 없다

구운 지 얼마 되지 않은
시집을 세 권이나 샀다

돗자리

돗자리가 호강시켜 주다니,
작시치인 나를

아내가 침대에 깔아논
돗자리가
내가 잠들면
나를 태워 이곳, 저곳으로 데려간다

더위 먹은 여름밤이 부추기나,
낫낫한 돗자리가 나를 태우고 다니며
강과 바다, 섬은 물론 도시까지
구경시켜 준다

돗자리에서 내릴 때면 나는
구경 한번 잘했다며
인사를 한다

돗자리가
나를 호강시켜 주는 것이
한철뿐이니
서두르는 쪽은 돗자리다

내가 가고 싶은 곳으로 가는 게 아니라
돗자리가 가고 싶은 곳으로 가는데
내가 없으면
돗자리도 무용지물일 수 있다,
순전히 나의 추측이지만

분수를 모를 리 없는
겁이 없을 리 없는
돗자리가
내가 잠들면
나를 태워 이곳, 저곳으로 데려간다

요절 문인

1

요절문인은 모두 다 천재다

이장희(1900 ~ 1929)
김소월(1902 ~ 1934)
김유정(1908 ~ 1937)
이상(1910 ~ 1937)
함형수(1914 ~ 1946)
윤동주(1917 ~ 1945)
박인환(1926 ~ 1956)
김관식(1934 ~ 1970)

시와 소설
두 마리의 토끼를 좇은
이상의 기록을 깬 이는
누구일까

죽음에 이르는 길은 각양각색이다

2

이상의 기록을 깬 이들을 발 벗고 찾아 나섰다

박석수(1949 ~ 1996)
송유하(1944 ~ 1982)
김민부(1941 ~ 1972)
임홍재(1942 ~ 1979)
김용직(1945 ~ 1975)
김만옥(1946 ~ 1975)
박정만(1946 ~ 1988)
이경록(1948 ~ 1977)
이연주(1953 ~ 1992)
원희석(1956 ~ 1998)
진이정(1959 ~ 1993)
기형도(1960 ~ 1989)
여림(1966 ~ 2002)
신기섭(1979 ~ 2005.12.4) 교통사고
김희준(1994.9.10~ 2020.7.24) 교통사고

가까스로 찾은

이상의 기록을 깬 시인들은
교통사고로 생을 앞당겼다

1996년 12월 10일
교통사고로 임사체험을 한 뒤
6개월 간 휴직까지 한 나는
여전히 살아 시를 모욕하고 있다

3

천재란 말을 듣고 싶으면
죽음을 앞당겨라

영특한과 간특한은 성씨가 같다

영특한은
이름이
영특이고 성은 한이다

영특한은
남들이
간특하다고 생각한다

간특한은
이름이
간특이고 성은 한이다

간특한은
자신이
영특하다고 생각한다

산과 바다 그리고 나

1

산은 입을 연 적이 없다,
<u>스스로</u>

바다는 입을 닫은 적이 없다,
<u>스스로</u>

2

산과 바다에게 시비 건 적이 없다,
나는

나에게 시비를 건 적이 없다,
산과 바다 역시

3

내가
산과 바다에게 시비를 걸면
같잖게 여길 것이다

산과 바다가
나에게 시비를 걸면
나는
그 자리에서 얼어붙을 것이다

폭설

옹졸하지 않다

달면 삼키고
쓰면 뱉는
그런 성격이 아니다

시궁창도
모닥불도
마다하지 않는다

가시밭을
엉겅퀴를
피한 적도 없다

본의 아니게
몽니 부린단
말은 들을 수 있다

윤슬
  - 구강포

하루에 두 차례 어김없이
바다가
오르락내리락하는
구강포는
꼬리 아홉 달린 여우다

햇빛과
물결이 만나
구강포,
구강포 이름값을 해주고 있다

몸이
여우 털빛이다

손잡이가 있는 컵

낮말도
밤말도
컵이 다 듣고 있다

컵이 들어서
속 보일 말은 뱉지 마라

손잡이가 귀다

스테이플러

하수인이다

가차없다와 가까이 지낸다

누가 봐도
무자비하다

사디스트이자 마조히스트다

도끼자루

타이젬 바둑 맛에
내 언어의
도끼자루가 썩는지도 모르고
세월을 보내다니

이제라도
내 언어의 도끼자루를 정비하여
언어를 패야지

엉덩이가 시린 언어의 온돌에서
벗어나기 위하여
내 언어의 아궁이에 넣을
언어를 패
언어의 부엌에 쟁여 놔야지

내 언어가
자리를 잡을 때까지
타이젬을 멀리해야지

도끼자루,
도끼자루

언어의
새 도끼자루를 어디에서 구하나

사의재 기획시선 10

영랑생가 내 눈결에 쏘인 것들은

1판 1쇄 인쇄일 | 2021년 12월 1일
1판 1쇄 발행일 | 2021년 12월 7일

지은이　　김재석
펴낸이　　신정희
펴낸곳　　사의재
출판등록　2015년 11월 9일　제2015-000011호
주소　　　전라남도 목포시 용당로 331번길 88, 202동 202호
전화　　　010-2108-6562
이메일　　dambak7@hanmail.net
ⓒ 김재석, 2021

ISBN 979-11-6716-041-6 03810

지은이와 출판사의 동의 없이 이 책의 내용 중 전체 또는 일부를 인용하거나 발췌하는 것을 금합니다.

값 10,000원